ICONOGRAPHIE HISTORIQUE

NOTICE

D'UN

MANUSCRIT SOUABE

DE LA BIBLIOTHÈQUE ROYALE DE STUTTGART

CONTENANT

LA RELATION DES VOYAGES FAITS DE 1453 A 1457

EN EUROPE, EN ASIE ET EN AFRIQUE

PAR

GEORGES D'EHINGEN

CHEVALIER

ACCOMPAGNÉE DE NEUF PORTRAITS DES SOUVERAINS DE LA CHRÉTIENTÉ, PEINTS D'APRÈS NATURE
ET DESSINÉS SUR LES ORIGINAUX

PAR

A. VALLET DE VIRIVILLE

Professeur-adjoint à l'École impériale des chartes

PARIS

DIDRON, ÉDITEUR DES ANNALES ARCHÉOLOGIQUES

23 RUE SAINT-DOMINIQUE-SAINT-GERMAIN

—

1855

PARIS. — IMPRIMERIE DE J. CLAYE, RUE SAINT-BENOIT, 7.

ICONOGRAPHIE HISTORIQUE

LADISLAS, ROI DE HONGRIE ET DE BOHÊME.
Né en 1440, mort en 1457.

J'ai soumis, le 22 mai 1850, au Comité historique des arts et des monuments, alors institué près le ministère de l'instruction publique, un projet de publication dont le plan sommaire et le but s'expliquent par le titre qui suit : » Iconographie historique de la France, depuis les temps les plus reculés jusqu'en 1515; recueil de Portraits peints, sculptés, etc., reproduits d'après les originaux et accompagnés de notices historiques et critiques. » Ma pensée était et est encore de tenter, pour le moyen âge et pour la France, ce que Visconti, avec un grand talent et des ressources parfaitement adaptées à son œuvre, a fait pour

---

1. Voir la brochure que j'ai publiée in-8° en 1853 sous le titre qui précède, accompagné de ce sous-titre : « Études et projet ». Le présent travail est une seconde étude.

l'antiquité grecque et romaine. Le Comité, par sa délibération du 14 avril 1851 et sur le rapport favorable de M. Albert Lenoir, l'un de ses membres, a bien voulu accueillir en principe ma proposition. Depuis ce temps, diverses circonstances ont arrêté ou retardé l'exécution de ce projet. Dussent mes efforts, comme il s'est vu plus d'une fois en pareil cas, ne servir qu'à frayer, — pour d'autres ou pour moi, — la voie du succès, je ne me suis pas laissé décourager par ces obstacles. J'ai déjà réuni l'indication (accompagnée autant que j'ai pu d'un dessin ou du calque) d'un millier environ de monuments originaux, non compris les estampes. Ces monuments présentent l'effigie individuelle de sept à huit cents personnages français. Tous sont antérieurs à 1515. Un tiers, à peu près, subsiste dans les musées, églises, bibliothèques et autres collections publiques ou privées, soit de la France, soit de l'étranger. Le manuscrit qui fait l'objet de cette notice est un des ouvrages de ce genre et dont je connaissais l'existence en Allemagne.

Ce volume se trouve [1] à la bibliothèque royale et publique de Stuttgart, sous la cote : « Historia, n° 141 ». Sa hauteur est de vingt et un centimètres et demi sur quinze centimètres et demi de large. Il a conservé sa reliure très-modeste, mais primitive et qui peut servir ainsi à nous renseigner sur l'âge du manuscrit. Cette reliure se compose d'une enveloppe-couverture en parchemin [2]. Ce manuscrit contient l'autobiographie d'un chevalier souabe, nommé Georges d'Ehingen, qui vivait dans la seconde moitié du XVe siècle. Georges l'écrivit à la suite de plusieurs voyages en Asie, en Afrique et plus particulièrement en Europe, à la cour des divers souverains de la chrétienté.

Ce curieux opuscule contient deux parties matériellement distinctes, quoique paginées tout d'une série par une main moderne. La première partie (pages 1 à 78) est sur papier et ne contient que le texte. La seconde (79 à 98) renferme les figures, peintes sur parchemin. Nous analyserons successivement ces deux portions de l'ensemble. J'ajouterai, en troisième et dernier lieu, quelques renseignements bibliographiques sur les diverses éditions de ce livre, à peu près inconnu, je crois, partout ailleurs qu'en Allemagne.

I. — TEXTE DU MANUSCRIT.

Il est rédigé en dialecte souabe; l'écriture paraît dénoter le commencement du XVIe siècle, et je pense que ce texte est non pas l'œuvre originale mais

---

1. Août 1854.

2. Ce parchemin est lui-même une charte en langue vulgaire de Souabe, datée de 1467. On lit à la dernière ligne : « . . . . . . Viertzehen hundert sechtzig und süben Jare. »

une copie postérieure à la mort de l'auteur. Celui-ci débute par quelques renseignements généalogiques sur sa famille. Burckard d'Ehingen, son aïeul, dit-il, s'appelait « Burckard à la tresse[1] ». Une belle dame avait coupé une tresse de sa chevelure en faveur d'un duc d'Autriche, que servait Burckard, et la lui avait donnée. Le duc en fit un ordre de chevalerie, dont Burckard fut décoré par le fondateur. Burckard à la tresse combattit en 1333 à la bataille de Weill, qui eut lieu entre Eberhard V, comte de Wurtemberg, et ses vassaux révoltés. En 1407, il fut investi de la seigneurie du vieux burg d'Ehingen, situé dans l'ancien cercle de Souabe[2], qui fait aujourd'hui partie du royaume de Wurtemberg. De sa femme, Lukgarterine d'Ichlingen, Burckard eut deux fils, dont l'un, nommé Rudolfe d'Ehingen, maréchal du comte de Zilly, épousa en 1417 Agnès d'Haimertingen. A cette époque, il y eut cinq gentilshommes qui se marièrent dans ces parages, à peu d'intervalle les uns des autres. Ces cinq couples, dit le narrateur, vécurent en paix et en joie et donnèrent naissance à cent enfants. Rudolfe et Agnès étaient au nombre de ces époux. Pour leur part, ils transmirent la vie à dix-neuf enfants, dont quatre fils. Georges d'Ehingen, auteur du mémorial qui fait l'objet de cette analyse, fut le dernier de ces quatre fils et, de plus, il survécut à ses quatre-vingt-dix-neuf contemporains. Georges, dans quelques pages, trop étendues encore pour que nous puissions les reproduire, nous peint, avec le zèle respectueux de la piété filiale, en la personne de son père, le vénérable représentant de cette race patriarcale, de cette lignée de burgraves. Rudolfe mourut en 1467.

Jeune et même enfant[3], Georges fut envoyé par son père à la cour du prince d'Autriche, comte de Tyrol, qui se tenait à Inspruck. Cette capitale était alors la résidence de Sigismond, né en 1427, qui succéda en 1439 à son père, Frédéric d'Autriche, comme comte de Tyrol. Sigismond ayant épousé en 1448 Éléonore, fille de Jacques Ier, roi d'Écosse, le jeune écuyer passa du service du comte à celui de la comtesse, pour trancher et servir à table. Trouvant bientôt que la petite cour d'Inspruck ne suffisait pas à son envie de s'instruire et à son ambition de gentilhomme, il résolut de chercher ailleurs un plus vaste théâtre. Il devint alors chambellan d'Albert d'Autriche, duc de Carinthie, frère de l'empereur Frédéric III. Vers le même temps, Ladislas le Posthume, roi de Bohême, étant venu se faire couronner à Prague, Albert d'Autriche se rendit en grand

1. « Mit dem Zopff ».

2. On trouve en Souabe diverses localités du nom d'Ehingen Il s'agit sans doute ici d'Ehingen sur le Neckar, situé dans le voisinage de Rottenbourg et de Killperg, peu éloigné de Tubingen.

3. « Als ein Knab ». Le narrateur n'indique point la date de sa naissance. Mais on peut estimer qu'elle eut lieu vers 1435.

cortége à cette solennité [1]. Georges d'Ehingen accompagna son maître et reçut à cette occasion l'ordre et la dignité de chevalier.

De retour en Souabe, Georges apprit que la milice de Rhodes ou de Saint-Jean de Jérusalem se préparait à une campagne contre le Turc. La patrie du nouveau chevalier était en paix. Son père lui conseillait d'éviter l'oisiveté, rouille des gentilshommes. Georges, docile à cet avis et suivant d'ailleurs l'impulsion de ses propres penchants, résolut de se joindre à cette expédition. Il y voyait une occasion de prouesses chevaleresques et de voyage en Terre Sainte. Donc, il partit en compagnie d'un commandeur de Saint-Jean, se rendit à Venise et de là s'embarqua pour Rhodes, où il séjourna près de onze mois. Cependant diverses circonstances firent traîner en longueur les hostilités entre la religion de Saint-Jean et les Barbaresques : de sorte que l'expédition militaire, à laquelle on s'était préparé, ne donna lieu à aucun fait d'armes. Georges néanmoins reçut un accueil honorable du grand maître ; ce dernier, à titre de remerciement, le gratifia d'un fragment de la sainte couronne d'épines. Le chevalier d'Ehingen se munit en outre de lettres de recommandation pour le roi de Chypre, que lui accorda le grand maître, et fit voile vers la Syrie, se proposant d'aborder en Chypre après avoir visité la Terre Sainte.

Il débarqua d'abord à Beirouth ; puis il parcourut successivement Tyr, Saphed, Naplouse, Nazareth, et séjourna quinze jours à Jérusalem. Il voulut alors pousser jusqu'à Sainte-Catherine et Babylone. Ayant rencontré un compagnon de route et compatriote, les deux voyageurs visitèrent ensemble Damas. De là, se joignant à une troupe de pèlerins et de marchands, pour faire avec eux caravane, ils prirent la direction de Sainte-Catherine (du mont Sinaï). Mais bientôt nos deux voyageurs allemands furent saisis par les Arabes, étroitement gardés, puis enfin rendus à la liberté, moyennant trente ducats de rançon. Découragé par ce contre-temps, Georges d'Ehingen rebroussa chemin et vint s'embarquer sur les bouches du Nil, à Alexandrie, d'où il fit voile pour l'île de Chypre. Il perdit, dans la traversée, son compagnon de voyage, qui mourut et qui, lancé en pleine mer, eut pour sépulture les flots de la Méditerranée.

Arrivé seul à la cour du roi de Chypre, Georges lui présenta les lettres du grand maître. Le monarque l'honora de ses bonnes grâces, le fit compagnon, c'est-à-dire membre de son ordre, et lui facilita les moyens de visiter ce royaume [2].

---

1. Ladislas fut couronné le 28 octobre 1453.

2. Le texte dit que le roi s'appelait Philippe, et il désigne la capitale sous le nom de Rhodes. C'est une double faute ou erreur. Le roi de Chypre se nommait Jean et son royaume avait pour capitale Nicosie.

Après avoir de nouveau touché Rhodes et présenté ses hommages au grand maître, il reprit la mer jusqu'à Venise. Il revint enfin embrasser son père au château de Killperg et déposa dans la chapelle la relique dont le grand maître lui avait fait présent.

Cela, dit le mémoire, se passa en 1454.

Georges alla rejoindre son maître le duc Albert, qui résidait tantôt à Fribourg, tantôt à Rottenbourg-sur-Neckar. Albert l'accueillit gracieusement, l'entretint à mainte reprise de son voyage en Terre Sainte, et lui conféra son ordre de la Salamandre. Mais peu de temps s'écoula sans qu'Ehingen se fatiguât des loisirs inanimés de la petite cour ducale et prît de nouveau congé de son prince. Il s'adjoignit un jeune gentilhomme, qui servait, comme lui, le duc Albert et s'appelait Georges de Rampsiden. Natif de Saltzbourg, celui-ci était très-noble de naissance, brave et vigoureux de sa personne. Ehingen, voyant la paix établie entre les princes de la chrétienté, conçut le dessein d'aller successivement les visiter, afin d'augmenter son instruction, de se perfectionner dans la carrière de la chevalerie et de saisir, à l'occasion, les glorieuses aventures qui pourraient se présenter. Le duc Albert s'employa auprès de Ladislas et de l'Empereur, afin de procurer aux voyageurs des lettres de recommandation de leurs majestés pour les divers souverains de l'Europe. Les deux compagnons se mirent en route à cheval, chacun accompagné de trois écuyers ou valets d'armes. Ils avaient en outre un héraut expérimenté, qui parlait plusieurs langues, et un domestique pour le service commun du voyage [1]. Tous étaient montés et formaient une petite troupe de dix chevaux et dix cavaliers.

On se rendit d'abord en France, auprès du roi Charles VII. Là, ils reçurent immédiatement un très-favorable accueil et, lorsque le roi eut pris connaissance des lettres dont Ehingen était porteur, il lui accorda de sa personne réception et audience. Il n'y avait alors, dit le « Mémorial », aucune solennité ou exercice militaire considérable à la cour : le roi était un personnage sérieux et de bon âge. Ils séjournaient dans cette cour depuis six semaines, lorsqu'une notable ambassade y survint de la part du roi d'Espagne. Ce prince donnait avis à son allié le roi de France qu'une grande expédition se préparait en Castille contre les Maures de Grenade. Il le priait en outre de permettre que le ban de cette levée militaire fût publié dans le royaume de France, afin que si quelques chevaliers voulaient prendre part à cette entreprise chrétienne, ils pussent le faire avec la grâce et le congé du roi Charles. Ehingen et son compagnon représentèrent au souverain que leur désir était, avec sa permission, de répondre à cet appel. Charles VII les encouragea dans ce dessein. Il fit présent à chacun

1. « Ain sackman oder trosser ».

d'eux d'un harnais de guerre complet et d'un coursier, accompagnés de cent écus. Il leur donna en outre des lettres de recommandation pour le roi d'Espagne et un passe-port, afin qu'ils fussent bien et honorablement traités sur leur parcours en France [1]. La troupe se dirigea, par le pays d'Armagnac et Toulouse, sur Pampelune, capitale du royaume de Navarre. Les voyageurs étaient encore en France, lorsqu'ils apprirent que le roi de Sicile tenait sa cour à Angers. Ils s'y rendirent, et René de Sicile leur fit toute sorte de grâces et d'honneurs. Quelques semaines s'écoulèrent ainsi, puis ils reprirent leur route.

Comme ils touchaient à Pampelune, ils furent informés que l'expédition contre Grenade était abandonnée. Ils délibérèrent alors de visiter la Navarre, où le roi les retint pendant deux mois à chasser, danser, banqueter et à d'autres plaisirs.

Sur ces entrefaites, nous fûmes avisés, dit le récit, que le roi de Portugal était en guerre sur terre et sur mer avec les Sarrasins d'Afrique, notamment avec le roi de Fez, sur lequel, peu d'années auparavant, le roi de Portugal avait conquis une grande ville nommée Ceuta. Ayant donc pris congé du roi de Navarre, nous traversâmes l'Espagne, passant par diverses grandes villes, telles que Burgos, Saint-Jacques (de Compostelle en Galice), et nous nous embarquâmes à La Grange. Une traversée de cent vingt milles de mer nous conduisit à Lisbonne, capitale du Portugal.

L'accueil qui les attendait dans ce royaume devait surpasser en magnificence, en zèle empressé du souverain, en gloire militaire, tout ce que nos voyageurs avaient obtenu jusqu'alors. Le roi n'eut pas plus tôt appris qu'ils venaient de la part de l'Empereur et de la maison d'Autriche, son alliée, qu'il leur manda en toute hâte sa royale bienvenue. Ordre fut donné à l'auberge, qui avait reçu ces hôtes distingués, de leur prodiguer les égards et les soins pendant quelques jours de repos, nécessaires après le rude labeur de leur lointain pèlerinage. Une prochaine réception leur fut accordée, et les deux chevaliers furent introduits par une escorte de gentilshommes portugais à l'audience royale. Le monarque les reçut dans sa salle, au milieu de ses princes, marquis, seigneurs, chevaliers, et leur adressa gracieusement la parole. Mais les voyageurs souabes ne comprenaient point son langage. Ils lui remirent alors leurs lettres de recommandation, qui étaient en latin. Le roi se les fit lire, y répondit de la manière la plus bienveillante, et prit dès lors pour s'entretenir avec eux un interprète qui s'exprimait en dialecte allemand de Néerlande. Ils firent savoir au roi qu'ayant eu connaissance de ses projets belliqueux contre les païens d'Afrique, ils avaient l'ambition de participer à cette guerre. Après

1. Charles VII habitait alors les provinces situées entre la Loire et le Piémont.

avoir été de la part du roi l'objet de ces témoignages gracieux, on les conduisit auprès de la reine, dans la chambre des dames. Là ils furent invités à de très-belles danses; puis à la chasse, ainsi qu'à divers jeux et exercices ou plaisirs, tels que le saut, la lutte, l'escrime, la quintaine; la course à cheval ou à genêt, le tournoi, la joute à pied et à cheval, les festins, etc. « Le roi, ajoute Ehingen, avait nom Alphonse. Beau, bien fait, c'était le prince le plus chrétien, le plus loyal et le plus juste que j'aie jamais connu [1]. Il tenait une royale cour, avait deux marquis, nombre de comtes, seigneurs et chevaliers autour de lui, et souverainement une jolie chambre des dames [2] ». Le chevalier consacre ensuite des développements très-intéressants aux productions du pays, à ses richesses, à ses monuments et institutions, etc. Le roi Alphonse, au congé, gratifia les chefs militaires d'un fort genêt (cheval turc) et d'une brigandine ou harnais de corps pour chacun de leurs écuyers.

La petite troupe s'embarqua au sud du Portugal et fit voile vers l'Afrique. Le débarquement eut lieu à Ceuta. Une rencontre armée, une véritable campagne de guerre, ne tardèrent pas à mettre aux prises les parties belligérantes, c'est-à-dire les forces coalisées des potentats de l'Afrique et les troupes chrétiennes de diverses nations, qui combattaient sous la bannière d'Alphonse. Ici le mémoire d'Ehingen revêt le caractère d'un journal militaire aussi instructif que circonstancié. Notre héros, pour résumer son récit, prit part aux actions les plus considérables, telles que siéges, combats, escarmouches et batailles rangées. La campagne dura sept mois. Enfin, les Sarrasins proposèrent de remettre la cause des deux camps à la fortune d'un combat singulier. Georges d'Ehingen fut le champion des chrétiens. Après une lutte opiniâtre, il terrassa son adversaire et lui coupa la gorge avec son épée. Le vainqueur fut triomphalement fêté par les chrétiens, et le grand capitaine, ou commandant en chef des troupes portugaises, manda immédiatement au roi cette nouvelle. Alphonse voulut recevoir de nouveau ces deux braves auxiliaires; il les combla, spécialement Ehingen, d'honneurs et de présents, plus notables encore et plus chaleureusement offerts que lors de leur première arrivée à la cour de Lisbonne.

De là, Georges d'Ehingen et ses compagnons passèrent en Espagne. La guerre éclata enfin dans le royaume de Grenade. Ils s'y portèrent avec le même zèle, et le chevalier souabe se signala par de belliqueux exploits : massacrant, brûlant, mettant à mort et à sang tout ce qu'il rencontrait de Maures et d'infidèles. Un fâcheux incident, toutefois, marqua ce point de sa carrière « Je reçus, dit-il, à la jambe, une blessure assez grave, dont je me rétablis, il est

1. « Der allerkristelichst, werlichst, und gerechtiste, den ich je erkent hab ».
2. « Und iber die Masz ain schœn Frawen Zimer ».

vrai, mais qui s'est rouverte depuis mon retour en Souabe ; à l'âge où je suis, elle me fait encore souffrir ».

Son séjour en Grenade avait duré un mois et un jour. Le roi d'Espagne, lorsque Ehingen revint dans ses États, lui témoigna la plus haute considération et toute sa reconnaissance. Il lui donna ses deux ordres, dont l'un, celui d'Espagne, se portait en un large ruban de cou ; l'autre était la « bande » de Castille. Elle avait pour insignes une robe d'écarlate rouge avec une bordure ou bande d'or large de deux pouces, qui, partant de l'épaule gauche pour aller au côté droit, remontait d'autre part jusqu'à la même épaule. Ils prirent enfin congé du roi de Castille. C'était en 1457.

« Nous passâmes de nouveau », pour citer une dernière fois notre chroniqueur souabe, « en Portugal. Le roi nous accueillit fort bien et nous donna un drap d'or de 200 ducats; plus un samit cramoisi et cent aunes de samit noir ; plus, à chacun, un cheval portugais et 300 ducats, et nous recommanda de retourner encore à sa cour. Nous nous dirigeâmes alors par le Portugal et l'Espagne. Arrivés dans une grande ville nommée Saragosse, nous vendîmes notre drap d'or et une partie du samit, celle qui ne nous était pas nécessaire pour nous habiller ; nous en tirâmes 500 ducats... De France, nous prîmes la mer et passâmes en Angleterre, où le roi nous donna son ordre. Là je me séparai de mon compagnon et me rendis seul en Écosse. Le roi [1] avait pour sœur ma gracieuse dame [2]; il me fit un accueil plein de grâce et de bonté. La reine d'Écosse [3], princesse de Gueldres, était une allemande néerlandaise. Le roi me donna deux montures ou haquenées, une pièce de samit et dix ducats pour chacun de mes quatre valets ou écuyers. La reine me fit présent d'un beau joyau, qui valait trente ducats, et d'un cheval qu'il faut bien compter pour 100 écus; et je fus comblé d'honneurs en chasse, danse et banquet [4] ».

Tel est, en substance, le récit que contient le manuscrit 141 de la Bibliothèque de Stuttgart. Mais ce qui ajoute à cet ouvrage un intérêt et un prix tout particuliers, ce sont les figures qui l'accompagnent, et dont nous allons maintenant entretenir le lecteur.

1. Jacques II.

2. Éléonore d'Écosse, femme de Sigismond (voy. ci-dessus page 3).

3. Marie, (fille d'Arnould d'Egmond duc de Gueldres), femme de Jacques II.

4. « Item, die Küngin schankt mir gar ain hibsch Klainett .xxx. Dokaten wert, und ain Hongst war. j.ᶜ G [ulden] woll wert, und geschah mir grosse Er mitt Jagen, Dantzen und Banketen ».

II. — FIGURES.

Cette seconde et dernière partie de notre manuscrit est formée de cinq feuillets doubles [1], en parchemin, sur lesquels se voient les portraits des princes que Georges d'Ehingen avait visités. Ces personnages sont peints comme les vignettes des manuscrits du temps, et ils composent une suite à peu près uniforme. Ils sont tous représentés debout et en pied, non pas en costume d'apparat, mais dans leurs vêtements habituels. Sous leurs pieds règne une simple terrasse ou terrain, sans aucun fond de paysage ni d'intérieur. Au bas de chaque figure, l'artiste a joint le blason, également peint, du prince représenté, avec ses titres inscrits dans le haut de la même page. Ces images, évidemment, ne sont point celles qui ont été recueillies immédiatement d'après nature. L'ordre dans lequel elles sont placées n'est pas celui de l'itinéraire. Après le roi Ladislas, allemand comme l'auteur du manuscrit, les souverains sont rangés, ainsi qu'on l'observera bientôt, suivant l'ordre hiérarchique de leur préséance. On ne voit d'ailleurs figurer aucun peintre dans le personnel de l'expédition, personnel que le livre nous fait connaître. Il est donc vraisemblable que Georges d'Ehingen, après avoir successivement fait exécuter des croquis individuels pris sur les personnages vivants, a fait ensuite copier ces croquis depuis son retour, pour en former la série uniforme que nous avons sous les yeux.

Cette série, au reste, n'est pas tout entière de la même main. Le premier des neuf personnages qui la composent, Ladislas, occupe seul un feuillet double [2] de parchemin, tandis que ceux qui suivent sont régulièrement placés deux à deux, et en regard l'un de l'autre, sur la seconde et la troisième page de chacun des quatre autres feuillets doubles. Ce portrait de Ladislas est d'une exécution plus lâchée et d'une touche beaucoup moins habile que le reste des miniatures. L'inscription qui l'accompagne est aussi d'une autre écriture que les autres inscriptions analogues. Il a dû enfin être intercalé après coup.

La véritable série originaire commence immédiatement après, et s'annonce par cette note [3], d'une écriture bien plus ancienne que celle du « texte » ci-dessus analysé, et très rapprochée du millésime qu'on va lire. En voici la traduction : « Item, Georges d'Ehingen, chevalier, a fait faire ces figures de rois, peintes ci-après, lorsque lui-même les a tous vus personnellement, en l'an que l'on compte de la naissance du Christ mille quatre cent cinquante et cinq [4] »; puis

1. Chaque feuillet double est de quatre pages.
2. Page 80 du ms.
3. Page 83.
4. « Item, disz nach gemaulten Figuren der Küng haut laussen machen Jœrg von Ehingen, Ritter,

la même date, répétée sur un phylactère, en chiffres « mêlés » : 145V. — Après ces observations sommaires, examinons successivement chacune de nos effigies.

Fig. 1. — « Ladislas, par la grâce de Dieu, roi de Hongrie et de Bohême, duc d'Autriche, margrave de Moravie[1]. » Ce prince, né en 1440, mourut le 23 novembre 1457, fiancé et même marié par procureur[2] à la princesse Magdeleine, fille de Charles VII. La miniature le représente sous les traits d'un jeune homme de seize à dix-sept ans, aux cheveux blonds et flottant sur la fourrure de sa longue robe frappée d'or. Le « chapeau » ou couronne de fleurs dont sa tête est ceinte fait sans doute allusion à son état de fiancé.

Fig. 2. — Charles VII, roi de France. Né en 1403, il avait atteint, lorsque Ehingen vint le visiter, l'âge sérieux que lui attribuent le texte du manuscrit et la présente figure. Nous possédons plusieurs portraits originaux de Charles VII : entre autres, deux excellents, peints en grand sur panneau et à l'huile. Le premier paraît aussi avoir été exécuté vers 1455; il fait partie du cabinet de M. Duclos, à Paris. Le second, qui montre le roi un peu plus âgé, et que j'ai fait chromolithographier il y a quelques années[3], est au Louvre. Chastelain, Thomas Bazin, etc., et d'autres documents contemporains, nous ont laissé des notions certaines ou authentiques sur la personne physique de ce prince et sur son costume habituel. Dans la miniature d'Ehingen, le roi est coiffé d'un bonnet noir et d'un chaperon ponceau, dont le pan ou cornette retombe, par le côté, jusqu'au talon du pied droit. Le visage est complétement ras; ses chausses et son gippon sont verts, et il est vêtu d'une robe courte brune à maheutres, ou épaules postiches. Ce costume et l'ensemble de la figure concordent très-bien avec tous les renseignements historiques auxquels je viens de faire allusion. Ils attestent certainement un véritable portrait pris et étudié sur nature. Cette image, néanmoins, a perdu sans doute de sa fidélité iconographique, en passant du croquis primitif à l'état où il est dans le manuscrit. Il se place, sous ce rapport, indépendamment de l'importance du genre, bien au-dessous des deux grands portraits que nous avons rappelés.

Fig. 3. — Henri, roi de Castille et de Léon, Tolède, etc. Henri IV, dit l'Im-

wàn er sy sebs persolichen al gesehen hæt, in dem Jær alsz man zalt von Cristus Geburt tusend vierhundert funffzig und iiiij Jær. » C'est la date du second départ, ou voyage dans la chrétienté.

1. Traduction de l'épigraphe qui est en dialecte souabe dans l'original, comme le reste du texte.

2. Voyez « Comptes de Marie d'Anjou »; « Moniteur » du 5 octobre 1854, pages 1098 et 1099. Une relation très-intéressante de ce mariage par ambassade a été récemment publiée d'après les procès-verbaux de la municipalité de Vienne, sous les auspices de la commission impériale et académique de cette ville, dans la collection de documents relatifs à l'histoire d'Autriche, 1853, in-8°, pages 125 à 129.

3. Dans le tome v du « Moyen âge », etc., in-4°.

CHARLES VII, ROI DE FRANCE

HENRI L'IMPUISSANT, ROI DE CASTILLE

HENRI VI, ROI D'ANGLETERRE

ALPHONSE L'AFRICAIN, ROI DE PORTUGAL

Dessiné par l'allet de Viriville.   D'après un manuscrit du XVᵉ Siècle.   Gravé par A.

ICONOGRAPHIE HISTORIQUE

puissant, né le 6 janvier 1425, était fils de Jean II ; il monta sur le trône en 1454. La miniature qui le représente dénote, de la part de l'artiste auteur du portrait original, et de la part du coloriste qui l'a peinte sur parchemin, un talent très-distingué. Le roi porte pour coiffure un fez rouge ; il est enveloppé (sans maheutres) d'un vêtement noir sur noir, rehaussé de quelques crevées de linge blanc. L'habillement se compose d'un manteau très-habilement drapé sur un justaucorps de velours. Un baudrier en écharpe suspend sa large épée ; le prince est chaussé de grandes bottes fauves. Sa physionomie inquiète, passionnée, maladive, est empreinte au plus haut degré du caractère iconographique et du cachet de l'individualité.

Fig. 4. — Henri VI, roi d'Angleterre, etc., né en 1421, fils d'Henri V auquel il succéda en 1422, mourut en 1474. Nous connaissons, tant en France qu'en Angleterre, divers portraits originaux ou gravés de ce prince. Aucun ne nous paraît égaler en vérité iconographique la miniature de Stuttgart, qui reproduit d'une manière frappante, conformément au témoignage de l'histoire, ce personnage, inerte, faible et comme hébété. Henri VI est vêtu, ainsi que son oncle le roi de France, d'un chaperon ponceau, bonnet noir, gippon à collet rouge, maheutres et robe bleu clair.

Fig. 5. — Alphonse, roi de Portugal. Alphonse V, « l'Africain », né en 1432, était donc âgé de vingt-quatre à vingt-cinq ans lorsqu'il fut, à plusieurs reprises, visité par Georges d'Ehingen. On a vu le brillant portrait physique et moral que trace de lui le chevalier allemand. Au moral, ce portrait n'est point d'un flatteur. Alphonse, encore au début de sa carrière, mérita de plus en plus l'éloge que fait de lui le preux voyageur, et son règne marqua l'une des plus belles périodes de l'histoire portugaise. Au physique, l'élégante effigie que nous offre la miniature s'accorde avec la plume du témoin oculaire, auteur de notre récit. Le jeune prince, bien pris dans sa taille, doué d'une physionomie gracieuse et distinguée, est vêtu d'une robe courte et tout en noir. Il porte un chaperon de même couleur, dont la draperie tordue se contourne en turban. Les baleines infléchies de ses maheutres à la française forment un creux autour du collet de son gippon. Là se fixe et brille une riche chaîne d'or à plusieurs rangs, terminée par un large joyau à pendeloques du même métal.

Fig. 6. — Le roi de Chypre. Lorsque Ehingen, à son premier voyage, visita l'île de Chypre en 1454, le roi qui portait la couronne était Jean II de Lusignan et non Philippe[1]. Jean monta sur le trône en 1432 et mourut en 1458, âgé de quarante-trois ans. Le portrait que l'on a sous les yeux donne l'idée

___

[1]. L'édition d'Augsbourg, 1600, que nous ferons connaître plus loin, l'appelle Jean.

d'un homme de cet âge environ, et un peu obèse. Sa coiffure consiste en un
bonnet et un chapeau, noirs comme le reste de son costume. Il porte un
justaucorps de velours orné de maheutres bombées sur le haut des bras, à l'ita-
lienne. Sa huque ou manteau court dégage le flanc droit et se drape élé-
gamment du côté gauche. Une chaîne d'or à triple rang décore sa poitrine.

Fig. 7. — René, roi de Sicile, etc. Ce prince naquit l'an 1408. En combi-
nant le récit de Georges avec les renseignements que fournit l' « Histoire de
René d'Anjou », par M. de Villeneuve-Bargemont [1], on trouve que l'entrevue de
nos deux personnages dut avoir lieu à Angers, vers le mois de septembre-octo-
bre 1455. René était alors âgé de quarante-sept ans. Indépendamment du
manuscrit d'Ehingen, il existe entre autres, à ma connaissance, huit types ou
variétés distinctes et bien avérées de son image individuelle. Tous ces portraits
de René se ressemblent, se suivent et se confirment parfaitement entre eux. Le
manuscrit de Stuttgart nous en offre un neuvième [2], et l'intérêt de celui-ci n'est
pas le moindre, car il nous montre ce prince plus jeune que dans ses autres effigies connues antérieurement. René est coiffé d'un chapeau de loutre appelé
« bièvre », ou de castor noir ; visage complétement ras, robe-courte brune, gippon à collet de velours noir, chaîne d'or, chausses et souliers noirs.

Fig. 8. — Le roi de Navarre. Ehingen désigne sous le nom de « Jean » le
souverain qui régnait en Navarre lorsqu'il passa dans ce pays, vers le mois d'oc-
tobre-novembre 1455. En effet, Jean II d'Aragon, né en 1397, deuxième fils
de Ferdinand, roi d'Aragon, monta sur le trône de Navarre en 1425, après la

1. 1825, in-8°, tome II, page 115.
2. Voici l'indication de ces images classées par ordre chronologique :

   1. — 1455. Miniature de Stuttgart, ms. 141.

   2. — 1458. Miniature du ms. de la bibliothèque d'Albi ; lithographiée dans les « OEuvres
de René », éd. de Quatrebarbes, tome IV, page 198.

   3. — Vers 1460. Médaille du cabinet impérial de Vienne ; gravée dans le « Trésor de numismatique », etc. Médailles italiennes ; 2e partie, pl. XIV, n° 1.

   4. — 1461. Médaillon sculpté en ivoire par Pierre de Milan ; lithographié dans les « Tournois
du roi René », éd. Champollion-Figeac, 1826, in-folio avant la préface ; gravé « Trésor de
numismatique », etc., ibid., n° 2.

   5. — 1462. Autre médaille de Pierre de Milan, gravée « ibidem », n° 3.

   6. — 1463. Médaille de Laurana en plomb ; cabinet des Antiques de la Bibliothèque impériale
de Paris ; gravée « Magasin pittoresque », 1853, page 206.

   7. — Après 1465. Dessin à la plume du musée d'Aix ; gravé « Magasin pittoresque », 1844,
page 400.

   8. — Même époque. Type analogue au précédent : crayon exécuté au XVIe siècle ; Bibliothèque
impériale de Paris, cabinet des Estampes, réserve, « Portraits dessinés », tome I, page 1 ;
volume n° 1358.

   9. — 1470 à 1480. Portrait de René peint par lui-même pour Jean de Matheron ; lithographié
dans Villeneuve-Bargemont, « Histoire de René d'Anjou », en tête du tome I.

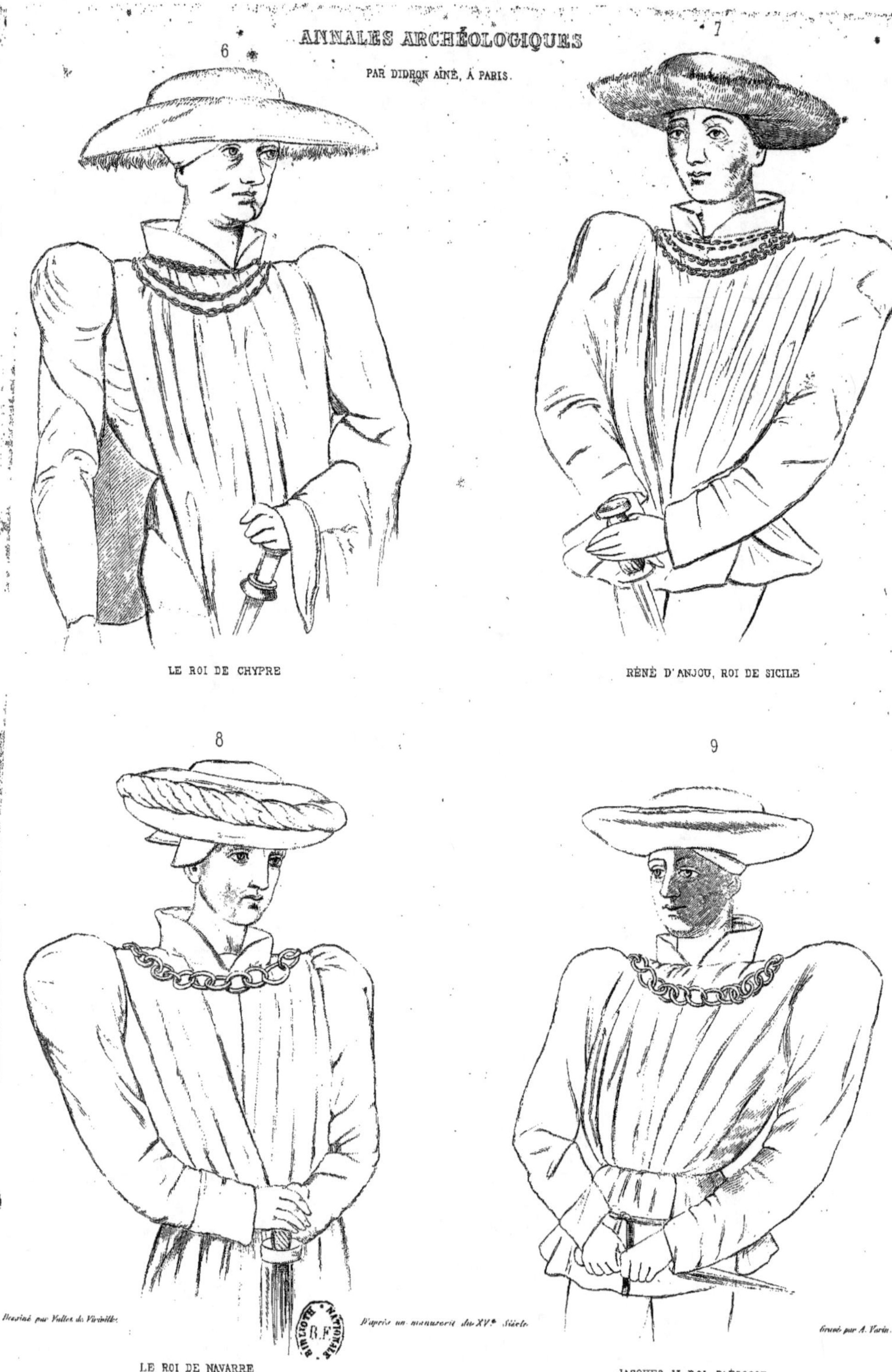

ANNALES ARCHÉOLOGIQUES
PAR DIDRON AÎNÉ, À PARIS.
6
7
8
9
LE ROI DE CHYPRE
RÉNÉ D'ANJOU, ROI DE SICILE
LE ROI DE NAVARRE
JACQUES II, ROI D'ÉCOSSE
Dessiné par Valles de Viriville.
D'après un manuscrit du XV.e Siècle.
Gravé par A. Varin.
ICONOGRAPHIE HISTORIQUE

mort de Charles III, dont il avait épousé l'héritière, et mourut l'an 1479, âgé de quatre-vingt-deux ans. Il en avait donc cinquante-huit lorsque Ehingen visita la cour de Pampelune. En jetant seulement les yeux sur le portrait que nous reproduisons, il paraît impossible d'admettre que ce puisse être là l'effigie d'un homme presque sexagénaire. Mais l'époque du voyage d'Ehingen semble coïncider précisément avec la guerre civile qui éclata entre le roi de Navarre Jean II et son fils don Carlos, prince de Viane. Don Carlos, né en mai 1421 et mort en 1460, était fils de Jean et de Blanche de Navarre, fille et héritière de Charles III. Blanche mourut en 1441, léguant expressément à son fils la couronne de Navarre, dont elle était de son propre chef souveraine et « propriétaire ». Mais le roi Jean, malgré les instances du prince de Viane, refusa de lui céder la couronne. Le différend se vida par la force des armes. Jean habitait l'Aragon. Don Carlos gouvernait la Navarre, où il résidait avec le titre de lieutenant général. Dans le courant de l'année 1455, le prince de Viane, profitant de l'absence de son père, s'empare de Pampelune, prend possession d'une bonne partie de la Navarre et se fait proclamer roi, titre dont il jouissait encore après le mois d'octobre. Mais bientôt le roi Jean accourt, son fils est défait en bataille rangée, puis réduit en captivité. Au mois de mai 1456, don Carlos résidait à Poitiers, où il s'était réfugié sous la protection du roi de France. A l'époque du voyage d'Ehingen, don Carlos, roi de Navarre en droit et, momentanément, en fait, avait atteint l'âge de trente-cinq ans, qui paraît convenir parfaitement au personnage représenté. Son costume se compose d'un chaperon noir « farci » et plissé en turban. Il porte sous sa robe, brune et longue, un gippon à collet rouge et un large collier d'or qui va d'une maheutre à l'autre; bas de chausses et souliers noirs.

Fig. 9. — Jacques II, roi d'Écosse, né en novembre 1430, succéda en 1437 à la couronne, et mourut en 1460. Il avait plus de vingt-cinq ans lorsqu'il reçut la visite du chevalier souabe. Un signe bien remarquable sert à caractériser son individualité dans le portrait qui le représente. L'artiste a posé son modèle de trois quarts, et sur le grand côté du visage s'étale une large tache cutanée, dite tache de vin. Olivier de la Marche (« Mémoires », liv. I, chap. 13) dit : « Il avoit le visage mi-parti de rouge et de blanc. » Le roi est coiffé d'un chapeau de feutre noir, et d'une robe courte à collet noir. Ses épaules sont garnies de maheutres et, comme la plupart des figures qui précèdent, ornées d'une chaîne d'or. Il a des souliers noirs et des chausses ponceau ou lie de vin, exactement du même ton que la tache de sa figure.

Au xve siècle, ainsi que de nos jours, il y avait dans les classes supérieures de la société chrétienne une tendance générale à l'uniformité, sous le rapport du costume. C'est ce que montre l'observation comparative des neuf figures qui accompagnent le manuscrit de Stuttgart. Je ne crois pas trop m'avancer en ajoutant que dès lors, comme aujourd'hui, la France exerçait à cet égard, par son goût, une sorte de prépondérance dans le frivole empire de la mode. Ainsi les « poulaines » et les « maheutres » paraissent n'être devenues parties intégrantes du costume des élégants de toute l'Europe qu'après avoir reçu de la France la sanction, très-débattue d'ailleurs, comme on sait. Du temps de Charles VII, le vêtement habituel des gentilhommes se composait ainsi qu'il suit. La coutume de porter les cheveux très-courts, et presque ras comme le visage, avait propagé l'usage du bonnet. Cette coiffure bien connue, le plus souvent rouge ou noire, se fabriquait de diverses manières, tantôt simple et tantôt double. On portait en outre, soit un chaperon, soit un chapeau. Le premier se faisait d'étoffes diverses, et variait singulièrement de forme ou d'ornements. Le feutre, la peau de « bièvre », celle du castor et de quelques animaux analogues, formaient ordinairement la matière du second. Le linge, encore rare, paraissait peu dans l'habillement des hommes. Après la chemise et le caleçon, on se couvrait d'abord de bas de chausses qui se nouaient vers la ceinture, par des aiguillettes, à une sorte de gilet ou justaucorps nommé « gippon ». Les pieds se chaussaient en outre, pour la vie intérieure, de souliers, souvent bordés de fourrures et lacés. Presque toujours ils étaient recourbés en cette longue pointe, si connue sous le nom de poulaine. Par-dessus le gippon, dont le collet se dressait inflexible, on passait une robe, courte ou longue. La première était l'habit juste et preste pour l'exercice du corps, à pied ou à cheval. La robe proprement dite, vêtement plus grave, était longue, et convenait à la vie sédentaire. On ne s'habillait pas toutefois sans se garnir les épaules d'une sorte d'armature, tendue par des baleines et rembourrée, qui s'appelait des « maheutres ». Cette mode disgracieuse appartenait en principe aux militaires. Elle tirait sans doute à la fois son origine et son excuse de son utilité, en servant, comme l'épaulette moderne, à préserver les épaules. Une petite dague, suspendue à une étroite ceinture, et un large collier d'or plus ou moins riche, complétaient cet ajustement. Par-dessus, on passait une « huque », ou un « tabard », paletot court ou long.

Le type général de toilette masculine que nous venons de décrire se retrouve, avec quelques variétés et très-peu d'exceptions, dans les neuf miniatures qui nous occupent. Ladislas, roi de Bohême, porte seul des cheveux longs; sa robe, ouverte et fourrée, diffère aussi, par la façon comme par l'étoffe. Le prince ne porte point de maheutres, mais il est chaussé de poulaines. Celui qui s'éloigne le plus de la mode française est le roi de Castille : il porte le fez pour coiffure, et il n'a ni robe, ni maheutres, ni poulaine.

III. — ÉDITIONS DIVERSES DE L'OUVRAGE.

Nous ne connaissons aucun autre manuscrit complet de l'opuscule d'Ehingen. Il y a lieu cependant de penser que le manuscrit 141 n'était point unique. Ainsi la bibliothèque Sainte-Geneviève de Paris possède un feuillet de peau-vélin, exactement de la même dimension que ce manuscrit, et peint sur chaque côté de deux miniatures qui sont la fidèle reproduction de celles de Stuttgart. L'une de ces miniatures représente Ladislas et l'autre Charles VII. La disposition et l'exécution des figures est identique des deux parts. Les inscriptions qui dénomment les personnages sont également les mêmes. Il me paraît évident toutefois que le fragment de Sainte-Geneviève est une copie, postérieure par conséquent à l'exemplaire de Stuttgart. Ce fragment (écriture et peinture) atteste le commencement du xvıᵉ siècle. Le feuillet isolé dont nous parlons appartenait à feu Alexandre Lenoir, conservateur du musée des Petits-Augustins. L'un des fils de cet archéologue le transmit à M. Jules Niel, bibliophile érudit et amateur distingué, qui, en 1849, le céda avec divers « crayons » à la bibliothèque Sainte-Geneviève. Ce fragment provenait certainement d'un second exemplaire (lacéré) de l'ouvrage composé par notre chevalier souabe.

Raymond Fugger donna au public une première édition imprimée du livre d'Ehingen. Cet ouvrage parut sous le titre suivant[1], que nous traduisons en français : « Itinéraire ou relation historique du voyage accompli par le seigneur Georges d'Ehingen, il y a cent cinquante ans, au sein de la chevalerie, en dix royaumes différents, ainsi que d'un combat qu'il soutint près de la ville de Ceuta, en Afrique ; accompagné des portraits de ces potentats et rois à la cour desquels ledit chevalier s'est rendu, et qu'il a servis et visités ; lesquels portraits il a fait peindre individuellement d'après leur costume et leurs personnes ; — tiré (ou recueilli) du musée de noble seigneur le seigneur Raymond Fugger, seigneur de Kirchberg et Wetsenborn, etc. Typographié et gravé sur cuivre à Augsbourg par les soins de Dominique Custos[2], bourgeois de cette ville, l'an

---

1. « Itinerarium, das ist historische Beschreibung weylund Herrn Georgen von Ehingen, Raisen nach der Ritterschafft von 150 Jaren in x underschidliche Konigreich verbracht, auch eines Kamps von ime bey der Statt Sept in Aphrica gehalten ; neben beygesugten Contrafacturen deren Potentaten und Kœnige, an welcher Hœfe obgedachter Ritter sich begeben dero koniglische Personen bedient und besucht ; auch nach ihrer Tracht und Gestallt aigentlich abmalen lassen. — Auss dem wol gebornen Herrn Herrn Reymund Fuggern, Herrn zu Kirchberg und Wetsenborn, etc., Museo, colligirt ; und von Dominico Custode, burgern zu Augsburg, in Kuppfer gestochen und in Truck verfertiget ; anno ᴍᴅᴄ ». In-4°, vingt feuillets ; fig. — La Bibliothèque impériale de Paris en possède un exemplaire acquis en 1849 pour le département des imprimés.

2. Dominique Custos était un habile graveur d'Anvers, qui vint à Augsbourg, où il s'établit, par

seize cent. » Les planches qui accompagnent cette édition diffèrent sensiblement du manuscrit de Stuttgart, quant au nombre, au rang (de préséance) et au nom des souverains qu'elles représentent. Pour en faire mieux juger, nous mettrons en regard le relevé des figures qui se trouvent dans l'un et dans l'autre.

MS. 144 DE STUTTGART.	ÉDITION IMPRIMÉE DE 1600.
1. Ladislas, roi de Bohême.	1. Frédéric, empereur.
2. Charles, roi de France.	2. Charles, roi de France.
3. Henri, roi de Castille.	3. Henri, roi d'Angleterre.
4. Henri, roi d'Angleterre.	4. Ladislas, roi de Bohême.
5. Alfonse, roi de Portugal.	5. Henri, roi de Castille.
6. « Philippe », roi de Chypre.	6. Alfonse, roi de Portugal.
7. René, roi de Sicile.	7. Jean, roi de Navarre.
8. Jean, roi de Navarre.	8. René, roi de Sicile.
9. Jacques, roi d'Écosse.	9. Jacques, roi d'Écosse.
	10. « Jean », roi de Chypre.

Cette seconde liste offre, comme on voit, par rapport à la première, une édition revue, corrigée et augmentée. Or, comme ces additions et corrections ne se montrent ni dans le manuscrit 141 de Stuttgart, ni dans le fragment de la bibliothèque Sainte-Geneviève, il y a lieu de penser que l'éditeur de 1600 a pu faire usage d'un troisième manuscrit, conservé dans la galerie Fugger. Ces planches, du reste, laissent beaucoup à désirer, sous le rapport de la fidélité ou de l'exactitude. Chaque sujet est placé au milieu d'un fond de paysage ou autre, tout à fait arbitraire. L'ensemble de l'exécution offre des anachronismes ou un système d'« à peu près » qui ne sont plus en harmonie avec les justes exigences de l'archéologie, au point où cette science est arrivée de nos jours.

L'association littéraire de Stuttgart a publié il y a quelques années, dans ses mémoires, par les soins du savant professeur et bibliothécaire, M. Pfeiffer, une nouvelle édition du voyage d'Ehingen, mais sans les figures [1]. Quelques-unes de ces dernières ont été publiées plus récemment encore, en gravures coloriées, par M. de Hefner [2], auteur d'un recueil ou album encyclopédique sur les arts du moyen âge.

Le voyage d'Ehingen intéresse particulièrement divers états ou histoires par-

le crédit des Fugger. Il grava pour eux, avec les frères Kilian, les planches du grand ouvrage iconographique : « Fuggerorum et Fuggerarum... imagines », 1593, 1618, 1620 et 1754, in-folio.

1. « Des schwæbischen Ritters Georg von Ehingen Reisen nach der Ritterschaft, Stuttgart, gedruckt auf Kosten des literarischen Vereins » (I. Kreuzer), 1842; dans le tome I du recueil intitulé : « Bibliothek des literarischen Vereins in Stuttgart » (pièce 2e).

2. « Trachten, etc., des christlichen Mittelalters », etc. Mannheim, 1848 et années suivantes; in-4°, tome II; Charles VII, planche LXXV; Henri de Castille, planche LXVII; et Henri d'Angleterre, planche LXXXI.

tielles de l'Europe. Il touche à plusieurs points de l'érudition générale, tels que la peinture des mœurs au moyen âge, la géographie, l'archéologie. Sous ces derniers rapports, il contient une foule de petits faits curieux et de notions très-précieuses que nous n'avons pu comprendre dans notre succincte analyse. Par ces différentes considérations, je pense qu'une nouvelle édition de cet ouvrage, accompagnée de planches en couleurs et d'une traduction française, serait un véritable service rendu à l'art et à la science.

DU MÊME AUTEUR.

Recherches iconographiques sur Jeanne Darc, dite *la Pucelle d'Orléans, analyse critique des portraits ou œuvres d'art faits à sa ressemblance*. Paris, Dumoulin, quai des Augustins n° 13 ; 1855, brochure in-8°, figures.

Nouvelles Recherches sur la famille et le nom de Jeanne Darc, etc., *accompagnées de tableaux généalogiques et de documents inédits*. Dumoulin, 1854, brochure in-8°.

Nouvelles Recherches sur Henri Baude, poète et chroniqueur du xv° siècle. Dumoulin, 1853, brochure in-8°.